SCM

Stiftung Christliche Medien

Dieses Werk einschließlich aller seiner Teile ist urheberrechtlich geschützt. Jede Verwendung außerhalb der engen Grenzen des Urheberrechts-
gesetzes ist ohne vorherige schriftliche Einwilligung des Verlages unzulässig und strafbar. Das gilt insbesondere für Vervielfältigungen,
Übersetzungen und die Einspeicherung und Verarbeitung in elektronischen Systemen.

© 2013 SCM Collection im SCM-Verlag GmbH & Co. KG
Bodenborn 43 · 58452 Witten
Internet: www.scm-collection.de; E-Mail: info@scm-collection.de

Soweit nicht anders angegeben, sind die Bibelverse folgender Ausgabe entnommen:
Neues Leben. Die Bibel, © der deutschen Ausgabe 2002 und 2006, SCM R.Brockhaus im SCM-Verlag GmbH & Co. KG, Witten.
Weiter wurden verwendet: Lutherbibel, revidierter Text 1984, durchgesehene Ausgabe in neuer Rechtschreibung,
© 1999 Deutsche Bibelgesellschaft, Stuttgart.

Das Zitat von Ulrich Wilckens unter dem Kapitel „Baumhaus" stammt aus dem OJC Kalender 2012 „Aufruf zum Gebet", Monat November.

Das Rezept für die Hagebuttenmarmelade stammt von der Website www.chefkoch.de.

Gesamtgestaltung: Norina Formica, Kommunikationsdesign, www.schupmann-partner.de
Bildnachweis: © Shutterstock, © Fotolia, © istockphoto
Druck und Bindung: Dimograf
Gedruckt in Polen
ISBN 978-3-7893-9640-3
Bestell-Nr. 629.640

Antje Rein

Mit dir in meinem Garten

Geistliche Impulse

SCM Collection

Inhalt

Teil 1
Der Vorgarten

Vorgärten, so bunt wie ihre Besitzer

Blumen, Kübel, Dekoration vor einem Haus wirken einladend, freundlich und heißen den Besucher willkommen. Deshalb legen viele Hausbesitzer und Hobbygärtner Wert auf einen schönen, gepflegten Vorgarten. Liebe zu Blumen und der individuelle Geschmack des Gärtners kommen darin zum Ausdruck. Wie eine Art „Visitenkarte" ist der „Vor-Garten" ein erster Eindruck davon, wer hier wie lebt. Zwischen Stadt und Land gibt es dabei durchaus viele Unterschiede, ebenso zwischen den verschiedenen Regionen. Man findet ausladende, bunte Blumenrabatten genauso wie zentimetergenau abgemessene Ingenieursgärten, die von Geradlinigkeit und Korrektheit nur so strotzen. Steine, kleine Büsche oder sogar Skulpturen oder Arrangements mit Gartenzwergen zieren je nach Vorliebe und besonderem Geschmack Eingangsbereiche auf recht unterschiedliche Weise. Meist passen sich die Vorgartenpfleger auch ein wenig der Umgebung oder Nachbarschaft an, und es lassen sich durchaus Ähnlichkeiten beobachten.

Heutzutage wird viel Wert auf die „Außenansicht" gelegt – egal, ob es um den Garten, das Haus oder um uns selbst geht. Wir verwenden einen großen Teil unserer Energie und Zeit auf ein makelloses Erscheinungsbild, anstatt uns mit diesen Ressourcen um das innere Wachstum zu kümmern. Dabei bilden Außen- und Innenleben immer eine Einheit und lassen sich nur schwer voneinander trennen!

Gut wäre es, beides miteinander zu verbinden – Klarheit und Schönheit im Inneren wie im Äußeren. Keine leichte Aufgabe, denn Frieden im Herzen, Orientierung und Sicherheit ziehen nicht von ungefähr in ein Menschenleben ein. Sie müssen manchmal hart erkämpft und es muss um sie gerungen werden. Manchmal fallen sie uns aber auch wie ein Geschenk einfach so zu und wir dürfen sie dankbar feiern. Dann wird uns jeder auf den ersten Blick ansehen, dass wir frohe und erlöste Menschen sind.

Ihr werdet Gottes Frieden erfahren, der größer ist, als unser menschlicher Verstand es je begreifen kann. Sein Friede wird eure Herzen und Gedanken im Glauben an Jesus Christus bewahren.

Philipper 4,7

Gartentipp:
Kaffeesatz für den Garten

Sie müssen Ihren Kaffeesatz nicht in den Müll schmeißen, denn er ist gerade für Ihren Garten vielseitig einsetzbar:

- Kaffeesatz ist ein sehr guter natürlicher Dünger für Ihre Pflanzen. Geben Sie ihn also in das Gießwasser, in den Kompost oder direkt in die Erde, um Ihren Pflanzen wichtige Nährstoffe zuzuführen, damit sie besser gedeihen können.

- Kaffeesatz kann auch als Torfersatz dienen. In die Erde gegeben, macht er Ihren Boden sauer, was vielen Pflanzen besonders gut tut, beispielsweise Funkien, Azaleen, Kamelien, Hortensien, Rosen, Rhododendron oder Engelstrompeten.

- Kaffeesatz stärkt nicht nur Ihre Pflanzen, er hält auch die Schnecken fern, da er für sie giftig ist. Streuen Sie deshalb einfach einen Ring Kaffeesatz um besonders empfindliche Pflanzen, um sie vor den Schnecken zu schützen.

- Im Gegensatz zu Schnecken lieben Regenwürmer Kaffeesatz. Regenwürmer sind sehr hilfreich in der Gartenarbeit, da sie die Erde lockern und in ihrem Kot wichtige Nährstoffe für die Pflanzen hinterlassen.

- Das Kalium im Kaffeesatz begünstigt ein sattes Grün bei Ihren Pflanzen, das Phosphor hingegen treibt den Stoffwechsel an, was wiederum Wurzelwachstum und Blütenbildung fördert.

Eine Hecke aus bunten Sträuchern

Jeder Garten wird erst komplett durch seine Begrenzung. Der Vielfalt und dem Gestaltungsspielraum sind dabei keine Grenzen gesetzt, und je nach Vorliebe und Region sehen Gartengrenzen sehr unterschiedlich aus. Wir finden kleine und große Steinmauern, den traditionellen Hexenzaun, längs oder quer genagelte Latten, Äste, kunstvolle Zäune aus Metallen geschmiedet, moderne Edelstahlgrenzen oder auch kleine und größere Hecken aus Buchsbaum oder Liguster.

Bei der Anlage unseres Gartens war uns wichtig, möglichst natürliche Begrenzungen zu schaffen, von denen auch die Tiere etwas haben. So finden sich verschiedene Blühsträucher, eine gemischte Hecke aus Liguster, Eibe und Weißdorn oder auch eine Gartenseite ganz ohne Abschluss.

Hecken umrahmen oder teilen den Garten, dienen als lebende Zäune und sind natürlicher Sichtschutz. Sie bremsen den Wind ab, filtern den Staub, spenden Schatten und schützen im Inneren des Grundstücks vor Straßenlärm.

Im Alten Testament erhält Mose von Gott den Auftrag, um den Berg Sinai eine Begrenzung zu schaffen. Eine ganz andere Art von „Grundstücksgrenze". Mit der Abgrenzung soll er Raum schaffen für die Gegenwart Gottes (2. Mose 19). Schon in der Bibel zeigt sich: Innerhalb von Begrenzungen kann sich Besonderes ereignen. Menschen begegnen Gott und Menschen begegnen Menschen. Grenzen bieten Schutz und gleichzeitig einen Rahmen. Sie sollten auf jeden Fall so durchlässig sein, dass andere sich ihnen annähern können und Anteil bekommen am „Innenleben". Da, wo Menschen ihre Zäune als Bollwerk gegen den Rest der Welt verstehen, wird sich bald Einsamkeit und Isolation einstellen. Der Umgang mit meinen eigenen Grenzen ist deshalb immer wieder eine Herausforderung. Wo lasse ich zu, wo grenze ich ab? Wo öffne ich mich weit und an welchen Stellen verschließe ich mich wieder? Ich will behutsam mit meinen eigenen Grenzen und mit denen der anderen umgehen, um sicheren Raum zwischen uns zu schaffen.

Tipp: Die beste Zeit, eine Hecke zu pflanzen und neu anzulegen, ist der Herbst: Es ist nicht mehr so heiß, und der Boden bleibt länger feucht. Die zarten, feinen Wurzeln können sich gut verzweigen.

Wachsen lassen und beschneiden

Als wir unseren Garten neu anlegten, hatten wir die große Freude, fast alles neu gestalten und bepflanzen zu können. Bis auf drei alte Robinien, einen Fliederbusch und einen großen, alten Haselnussstrauch gab es zunächst nichts, was sich gelohnt hätte zu behalten. So konnten wir uns auf rund tausend Quadratmetern Grünfläche austoben und nach Herzenslust gärtnern. Mit den Jahren sahen wir etliche Pflanzen kommen und gehen, einige waren einige Jahre bei uns, andere nur einen Sommer. In manchen Baum setzten wir große Hoffnungen und mussten doch erleben, dass er sich nicht gut entwickelte. Mancher Busch brauchte lange, bis er gut austrieb. Nicht nur im Gemüse- und Blumenbeet gab es eine bunte Abwechslung an Gartengästen.

Es gab und gibt aber auch Pflanzen, die uns mit ihrem Wachstum schier überfordern. Sie nehmen sich wesentlich mehr Raum, als ihnen zusteht, wachsen überdimensional schnell und hoch und lassen sich nur schwer im Zaum halten. So ein Exemplar ist zum Beispiel unser Maulbeerbaum: Zunächst relativ überschau-

bar im Wuchs, hat er innerhalb weniger Jahre seine Größe vervielfacht. Beschneiden half nur begrenzt; anscheinend regte ihn das erst recht an, sein Bestes zum Thema Wachstum abzuliefern. Nun überlegen wir, ob er nicht besser ganz weichen sollte …

Ich muss an die vielfältigen und unterschiedlichen Menschen denken, denen wir im Laufe unseres Lebens begegnen. Gerne hätten wir sie manchmal einheitlicher, weniger anstrengend, weniger fremd zu uns selbst. Nicht alle haben wir gern um uns, mit manchen ist der Umgang anstrengend und herausfordernd. Ich mache mir bewusst, dass Gott sie alle geschaffen und so unterschiedlich gemacht und begabt hat. Jeden einzelnen hat er in sein Herz geschlossen. Was kann mir helfen, mit dieser Vielfalt klar zu kommen? Wie kann ich Liebe und Zuneigung entwickeln für die Menschen, die mir das Leben schwer machen? Mir hilft es sehr, zu versuchen, sie aus Gottes Perspektive zu sehen. Ich bete um Liebe, Verständnis und einen leichten, freien Umgang mit ihnen. Gott kann mein Herz verändern und mir seine Liebe hineinschenken.

Herr, welche Vielfalt hast du geschaffen! In deiner Weisheit hast du sie alle gemacht. Die Erde ist voll von deinen Geschöpfen.

Psalm 104,24

Licht- und Schattenpflanzen

In manchen Gärten entstehen oft ganz ungewollt eigene, kleine Welten, die durch eine sehr besondere und bezaubernde Atmosphäre gekennzeichnet sind. Da, wo unter hohen Bäumen oder neben wuchtigen Sträuchern Schatten liebende Pflanzen wachsen, findet man ein besonderes Garteneckchen. Vielleicht ist es eine hohe Eiche von Nachbars Garten, eine dichte Hecke mit langen, ausladenden Zweigen, die den Rahmen für dieses Schattenreich bildet – oder auch einige alte Obstbäume, die ihre Zweige in den Himmel recken und aus denen ein dichtes Blätterdach entsteht.

Weil Laubblätter viel Wasser verdunsten lassen, ist die Luft hier feuchter als im Rest des Gartens und entsprechend anders ist hier auch die Ansiedlung der Pflanzen. Nicht alle Gartenblumen und -sträucher lieben das Schattendasein, aber einige wie Waldmeister, Farne oder Funkien sind besonders gut für diese Standorte geeignet. In der prallen Sonne oder im trockenen Steingarten würden sie längst nicht so gut gedeihen und wachsen wie im Schutz ihrer großen Busch- und Baumfreunde.

Ein weiterer Vorteil solcher lauschigen Schatteneckchen unterm Blätterdach bietet im Spätherbst, wenn der erste Frost kommt, die dichte Decke aus Laubblättern, die sich von oben über die „Untermieter" legt. Damit sind sie geschützt vor dem eisigen Nordwind und erhalten gleichzeitig Nahrung aus dem Humus, der im Laufe des Winters aus den Blättern entsteht.

Ich finde es erstaunlich, dass die Schöpfung so organisiert ist, dass für beides Raum bleibt – für Licht- und für Schattenpflanzen. Wir Menschen suchen in der Regel eher die Sonnenseiten des Lebens, wollen es gerne warm, gemütlich und gut ausgeleuchtet. Schatten, Kälte und Regen wirken auf uns nicht besonders einladend.

Die Bibel ermutigt an vielen Stellen zum Schattendasein, indem sie von der Geborgenheit spricht, die wir als Menschen im „Schatten des Allmächtigen" finden oder unter „Gottes Fittichen". Ein sehr schönes Bild, das auch noch einmal ein ganz anderes Licht auf das „Leben im Schatten" wirft.

In der Nähe und Gegenwart Gottes zu bleiben bedeutet, Schutz, Sicherheit und auch Versorgung mit allem zu bekommen, was zum Leben nötig ist. Wir stehen nicht allein da, wenn es in unserem Leben wieder einmal stürmisch zugeht und keine Lösung in Sicht scheint.

*Wer im Schutz des Höchsten lebt,
der findet Ruhe im Schatten des Allmächtigen.*

Psalm 91,1

*Manchmal lässt es sich nicht vermeiden,
dass man Anstoß erregt.*

Vincent van Gogh

Ein Vogelbeerbaum in jedem Garten

In unserem Vorgarten wächst ein Vogelbeerbaum, auch Eberesche genannt. Ein Geschenk meines Vaters aus den heimatlichen Gefilden des Erzgebirges. Das musste einfach sein! So eine Vogelbeere, noch dazu eine veredelte, gehörte früher in jeden Garten. Wahrscheinlich wussten unsere Vorfahren, dass pure Gesundheit in den Vogelbeerfrüchten steckt! Die Beeren sind überaus vitaminreich, in hundert Gramm der frischen Früchte stecken bis zu über hundert Milligramm Vitamin C – drei mal mehr als in Äpfeln.

Früher wurden die Früchte unter anderem getrocknet und im Brot verbacken. Man kann aber auch köstliche Marmelade daraus machen oder einen schönen Saft – für den Winter ein gesunder Vitaminspender!

Inzwischen gibt es einige veredelte Sorten ohne Bitterstoffe, so wie das Exemplar in unserem Vorgarten. Die Sorte Edulis ist so eine und lässt sich genauso roh essen wie Konzentra, Rosina und etliche andere, die sich als robuste Obstbäume für raue Lagen anbieten. Ebereschen gedeihen auf mageren, mäßig feuchten Standorten und sind unempfindlich gegen Schädlinge. Liest man diese Beschreibung, dann erscheint es doch verwunderlich, dass die Vogelbeere keine größere Popularität genießt. So widerstandsfähig und gesund wie sie ist, dürfte man eigentlich wesentlich mehr Exemplare davon in unseren Gärten erwarten. Allerdings wird nicht viel über sie gesprochen. Kaum beworben und wenig angeboten, fristet sie ein Schattendasein in manchen Baumschulen. Dabei könnten ihre Früchte vielen Leuten einen Arztbesuch ersparen …

Wer entscheidet darüber, was in dieser Welt allgemein akzeptiert und toleriert wird? Sind es nur die Trends, die uns diktiert werden, oder haben wir noch eigene Wertmaßstäbe, nach denen wir uns richten?

Vieles, was in der Bibel zu lesen ist, scheint auf den ersten Blick nicht mehr zeitgemäß und wird von einem wachsenden Teil der Bevölkerung ignoriert, ausgeblendet, abgelehnt. Es liegt momentan nicht im Trend, Christ zu sein und an Gott zu glauben. Die, die es tun und ihr Herz für Jesus öffnen, erleben die kostbare Kraft, die im Glauben liegt – und sie erfahren, wie ihre Seele gesund wird.

Teil 2
Blumen- und Gemüsebeete

Anbauen und ernten

Es erscheint Vielen als Sinn des Gärtnerns, dass man etwas anbaut, um es dann zu ernten. Der Blumen- und Gemüsegarten scheint das beste Beispiel dafür. Die ganze Mühe, das Bücken und Hacken und Pflanzen und die Pflege, muss doch irgendeinen Sinn ergeben – die Ernte natürlich!

Was für eine wundervolle Erfahrung, durch den Garten zu gehen und einen kunterbunten Sommerblumenstrauß zu schneiden aus Ringelblumen, Glockenblumen, Margeriten und Dalien. Oder wie köstlich schmecken die ersten Erdbeeren mit Milch, die wir uns mit den Früchten aus dem eigenen Beet zubereiten! Im Frühjahr bieten die bunten Farbtupfer der Frühjahrsblüher einen ersten Kontrapunkt gegen das triste Einerlei der Winterfarben. In den Monaten danach belebt die Fülle an Früchten und Gemüse unseren Speiseplan und die Gesundheit. Im Herbst laden uns die bunten Blätter und letzten Blumen ein, den Sommer dankbar zu beenden. Und selbst der Winter schenkt uns besondere Köstlichkeiten aus dem Garten – wenn wir sie rechtzeitig eingekocht und haltbar gemacht haben.

Einen Lohn und Dank für alle Mühe und Arbeit zu erhalten, das ist ein zutiefst menschliches Bedürfnis. Das spornt uns immer wieder zu Dingen an, die wir ansonsten aus Faulheit oder Geschäftigkeit nicht tun würden. Der Garten ist das beste Beispiel dafür: Es kostet manche Überwindung, den Kampf gegen die Natur und den Lauf des Unkrauts immer wieder aufzunehmen. Aber wer sich dazu aufrafft, anbaut, pflegt und hegt und kreative Gartenleidenschaft auslebt, der wird reich dafür belohnt. Das wissen natürlich nur die zu schätzen, die es nachahmen. Wer nur aus sicherer Distanz den anderen beim Arbeiten zusieht, wird die Lust daran nicht schmecken. Selbst machen und selbst ernten heißt das Geheimnis!

In vielen Dingen verhält es sich mit dem Glauben an Gott ähnlich. Immer wieder muss ich meine Distanz zu ihm aufgeben und Glauben und Vertrauen wagen, um Glauben und Vertrauen zu ernten. Diese ganz menschliche Entscheidung bleibt mir nicht erspart – auch wenn ich weiß, dass es Gott selbst ist, der mich immer wieder zu sich hinzieht.

Wir werden die Zeit zum Gebet niemals haben,
wir müssen sie uns nehmen.

Richard Foster

Zucchinicremesüppchen
(für ca. 4–5 Personen)

1 TL Bratöl,

1 Zwiebel,

1–2 kleine Zucchini,

3 große Kartoffeln,

Majoran,

Kräutersalz,

Pfeffer,

1 Schuss Sahne

Die Zwiebeln klein würfeln und im heißen Bratöl anbraten, die gewürfelten Zucchini und Kartoffeln zugeben, leicht anbraten und mit ca. 1 l Wasser auffüllen. Kräutersalz, Pfeffer und Majoran nach Geschmack zugeben. Alles gut durchkochen und anschließend pürieren. Mit einem Schuss Sahne verfeinern. Das perfekte Samstagsmittagssüppchen in unserer Familie!

Gartentipp:
Verwilderte Blumenzwiebeln

Wunderschöne, kunterbunte Blumenmeere – davon
träumen viele Gärtner. Ein ganzer Teppich aus
Schneeglöckchen, Krokussen oder Narzissen lässt Gärt-
nerherzen höher schlagen. Mit Blumenzwiebeln lässt
sich dieser Traum ganz einfach verwirklichen, denn
ohne besondere Zuwendung verwildern sie von selbst.
Wichtig dafür ist, dass der Standort möglichst trocken
ist, denn bei zu viel Feuchtigkeit verfaulen die Blumenzwiebeln. Zu den besonders geeigneten Arten gehören
beispielsweise Blausternchen, Hasenglöckchen oder
auch Wildtulpen. Ordnen Sie die Zwiebeln natürlich
und eher zufällig, damit sich die Blumen frei entfalten
können. Dann müssen Sie nur noch ein bisschen
Geduld haben, und Ihr Garten belohnt Sie mit einem
farbenprächtigen Blumenmeer!

Narzissenteppiche

Von Frühjahrsblühern sind wir es gewohnt, dass wir die Zwiebeln dafür jedes Jahr im Herbst aufs Neue in die Erde setzen müssen. Auch wenn die eine oder andere Tulpe oder Narzisse auch im Folgejahr wiederkommt, werden sie doch auf Dauer immer weniger. Auf geheimnisvolle Weise schleichen sie sich still und leise wieder aus dem Blumenbeet.

Ganz anders sind die Frühblüher, die langlebig da bleiben und einen dichten Teppich bilden. Meist werden sie nicht über den normalen Handel vertrieben und müssen über einen Spezialversand bestellt werden. Oder sie wachsen natürlich und seit Jahrzehnten auf derselben Wiese, so wie in meinem Heimatdorf. Jedes Jahr zeigt sich dort der gelbe riesige Blumenteppich. Unterirdisch verbunden, breitet sich das Netz immer mehr aus.

Diese Zwiebelgewächse sind wahre Wunderwerke und kleine Naturkraftwerke. Zum Austreiben, Blühen, Sich-Vermehren und Einlagern von genügend Reservestoffen für das nächste Jahr stehen den Narzissen gerade mal zwei bis drei Monate zur Verfügung. Zu wenig Licht und Sonne in dieser Zeit kann schwerwiegende Folgen haben, deshalb sind „Spätzünder" gute Nachbarn für die Zwiebelgewächse. Diese treiben erst später im Frühjahr aus und lassen so den Frühblühern ausreichend Licht und Sonne.

Auch wir Menschen sind auf die unterschiedlichen Wirkungen innerhalb unserer Netzwerke angewiesen. Nicht immer lassen wir uns in unseren Familien und Gemeinschaften genügend Raum zur Entfaltung. Einer strebt mehr an als der andere, und manch einer zog sich schon traurig zurück, weil er das Gefühl hatte, nicht genügend Raum zu bekommen. Es fordert Kraft und Mut, sich dem anderen zuzuwenden und aus dem ständigen Kreisen um die eigenen Themen auszusteigen. „Seid nicht selbstsüchtig; strebt nicht danach, einen guten Eindruck auf andere zu machen, sondern seid bescheiden und achtet die anderen höher als euch selbst. Denkt nicht nur an eure eigenen Angelegenheiten, sondern interessiert euch auch für die anderen und für das, was sie tun", Philipper 2,3.4 (NLB). – Was könnte sich in meiner Umgebung verändern, wenn ich etwas mehr von diesem biblischen Netzwerkgedanken aus dem Philipperbrief leben würde?

Kräuterduft und Nachbarschaft

So ein richtig schönes Kräuterbeet ist die Zierde eines jeden Naturgartens. Zitronenmelisse, Salbei, Pfefferminze und Thymian, Oregano und schlichte Petersilie können dort in guter Gemeinschaft miteinander wachsen. In meinem Garten finden die Kräuter ganz dicht am Haus auf der Trockenmauer ihren Platz. Möchte ich schnell eine schmackhafte Pasta kreieren, reichen mir ein paar Schritte über die Terrasse bis zum Kräutereckchen. Dort duften mir schon die schönsten Mittelmeergewächse entgegen, die dank des geschützten Ortes ganz gut wachsen.

Alte Biogärtner behaupten, dass Kräuter den Garten „gesund duften" und eine wichtige Rolle bei der natürlichen Schädlingsabwehr spielen. So sagt man dem Dill nach, dass er das Wachstum von Möhren und Zwiebeln unterstützt, Knoblauch hingegen beugt Pilzerkrankungen an Rosen und Erdbeeren vor. Pflanzt man Kapuzinerkresse auf die Baumscheibe von Obstbäumen, hilft das bei der Abwehr von Läusen. Heute ist den meisten von uns die Wechselwirkung, die verschiedene Pflanzen im Garten aufeinander haben, oft nicht mehr so bekannt. Wir ahnen nicht, welche positiven oder negativen Eigenschaften eine Kräuterpflanze „verströmt".

So wie die Wirkung oder der Duft einer Pflanze im Beet können sich auch Gefühle und Gedanken auf unser Umfeld übertragen. Als Elisabeth, die Mutter von Johannes dem Täufer, einen Sohn zur Welt gebracht hatte, blieb das nicht ohne Wirkung auf die Nachbarschaft. Im Lukasevangelium ist beschrieben, wie alle es mitbekamen und sich mit ihnen freuten. Ein altes Paar, das nach langem Warten ein Kind bekommt – die Nachbarn deuten diese Geschichte als aktives Handeln und Eingreifen Gottes, und auch Elisabeth und Zacharias richten ihren Dank an den Herrn.

Das, was einer Familie an Gutem geschieht, bleibt nicht ohne Auswirkungen auf die Umgebung. Sowohl die Not als auch der Segen „verströmt" sich in unsere Umgebung hinein. In unserem Alltag können wir uns unsere Nachbarschaft nicht immer aussuchen. Egal, wer neben und mit uns lebt – das, was wir sind, tun und sagen, wird nicht ohne Auswirkung auf die anderen bleiben. Das lässt mich fragen: Wie wirke ich auf meine Umgebung? Was lesen andere in meinem Leben? Und welche Impulse sende ich aus? Das kann nicht bedeuten, dass man nur noch auf seine Außenwirkung bedacht sein sollte. Betrachte ich mich aber mit den Augen meiner Nachbarn, dann kommen mir selbst ganz neue Erkenntnisse. Ich werde dankbar für erlebten Segen und überdenke die eine oder andere Entscheidung.

Der Brunnen genügsamer Zufriedenheit muss in der Seele entspringen. Samuel Johnson

Backkartoffeln mit buntem Gemüse vom Blech mit Kräuterdip (für 5 Personen):

Für die Backofenkartoffeln:

1,5 kg Biokartoffeln,

1 Zucchini,

1 Paprika,

1–2 Zwiebeln,

nach Geschmack 1 Apfel,

italienische Kräuter oder andere Kräutermischung,

2 EL Olivenöl,

Salz, Pfeffer

Für den Kräuterdip:

400 g Quark,

200 g Naturjoghurt,

Kräuter nach Wahl,

Salz, Pfeffer,

1 El Olivenöl

Ein Backblech mit Backpapier auslegen. Die Kartoffeln waschen und gründlich abschrubben. Die Schale nicht entfernen! Kartoffeln in Scheiben oder Spalten schneiden. Das Gemüse und den Apfel putzen und in grobe Stücke schneiden. In einer großen Schüssel die Kräutermischung mit Pfeffer, Salz und Olivenöl mischen und die geschnittenen Zutaten dazugeben. Alles gut durchmischen und auf das Backblech kippen. Im vorgeheizten Backofen bei ca. 200 Grad 25–30 min gut durchgaren. Für den Kräuterdip die Zutaten mischen und gut miteinander verrühren. Backofenkartoffeln mit dem Dip genießen. Ein frischer Gartensalat passt wunderbar dazu!

Nicht, was wir erleben,
sondern wie wir empfinden,
was wir erleben,
macht unser Schicksal aus.

Marie von Ebner-Eschenbach

Blühen, ohne zu duften

Dahlien sind wunderbare Sommergewächse. Ihre Knollen legt man in unseren Breiten im Frühjahr in die Erde, und schon nach wenigen Wochen zeigen sie ihre wunderschönen, kräftig gefärbten Blüten. Viele wissen nicht, dass man Dahlienblüten sogar essen kann! Ich gebe zu, ich habe es noch nicht probiert. Dunkle Sorten sollen kräftiger, helle etwas milder schmecken. In Mexiko sollen sogar Baumdahlien gedeihen, die eine Höhe bis zu neun Metern erreichen.

Was wir bei dieser Sommerschönheit allerdings ohne Erfolg suchen werden, ist ein blumiger Duft. Dahlien duften nicht! Züchter haben sich schon ohne Ende daran versucht und wollten diesen Zustand beeinflussen, sogar Geldprämien wurden darauf ausgesetzt. Alles leider ohne Erfolg: kein Duft weit und breit.

Versuche ich mir vorzustellen, wie sich solch ein Dahlienzüchter dabei abmüht, die Grundstruktur der Blume in Richtung Duft zu verändern, dann überfällt mich fast das Mitleid und auch die Verwunderung. Was wird alles investiert, um die natürlichen Gegebenheiten, die diese Blume mitbringt, zu beeinflussen! Der Mensch meint, über das Wissen und die Erfahrung zu verfügen und muss doch sein Scheitern zugeben. Wahrscheinlich wird er keine Ruhe geben, bis irgendwann eine „Kunstdahlie" mit Duft gezüchtet wird – der Versuch, das Unmögliche möglich zu machen.

Als Christen wünschen wir uns oft, dass unsere Gebete eine ähnlich verändernde Wirkung haben. Wir beten für Menschen, Gemeinden, Situationen und sogar ganze Regionen. In der Bibel werden wir dazu ermutigt, alles und Großes von Gott zu erwarten. Und doch gibt es oft die Erkenntnis: Wir können es nicht erzwingen. Es gibt Dinge, die bleiben, wie sie sind. Menschen ändern sich nicht, Krankheiten gehen nicht gut aus, Nöte werden nicht besser, sondern schlimmer. Berechtigterweise hoffen wir natürlich weiter – und müssen uns doch oft eingestehen, dass sich nichts tut. Solch eine Begrenzung zu erleben, ist sehr schmerzhaft und macht unendlich traurig. Wie schön wäre es doch gewesen … wir hätten es uns so gewünscht.

Schauen wir auf die Dahlien, dann fragen wir uns vielleicht bei den Versuchen der Züchter: Warum muss man an solch einer Schönheit noch etwas ändern? Ob uns der Blick auf die schönen Seiten unseres Lebens und den erfahrenen Segen gelingt, auch wenn Gebete unerhört bleiben und das Leben keine positiven Wendungen nimmt? Wie wäre es mit einer Dennoch-Dankbarkeit?

Die Königin der Blumen

Unschlagbar in Sachen Duft sind natürlich die Rosen. So gut riechen sie, dass ihr Öl aus der Parfümindustrie gar nicht wegzudenken ist. Doch auch sonst können die beliebten Zierpflanzen eine ganze Menge: Das bei der Gewinnung von Rosenöl anfallende Rosenwasser zum Beispiel wird bei der Herstellung von Marzipan und Lebkuchen verwendet. Die Hagebutten, also die Fruchtstände der Rosen, helfen unter anderem gegen Erkältungskrankheiten, Darmerkrankungen, Gallenleiden, bei Gicht und Rheuma. Aber auch im Tee und vor allem frisch als Marmelade zubereitet sind Hagebutten einfach eine Köstlichkeit!

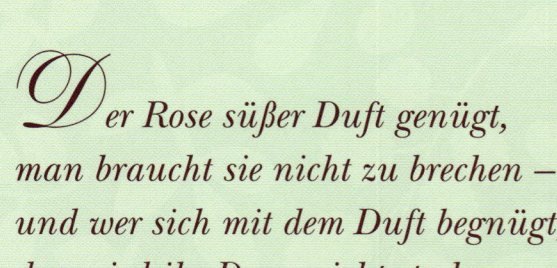

Rezept für Hagebuttenmarmelade:

- 1 kg   Hagebutten
- 1/4 Liter   Orangensaft
- 1 kg   Gelierzucker (1:1)
- 500 ml   Wasser

Die Hagebutten waschen, abtropfen lassen und von den Stielen zupfen. Mit ca. 1/2 Liter Wasser in einen Topf geben und zugedeckt ca. 20 Minuten dünsten. Danach mit einem Kartoffelstampfer zerdrücken und mit dem Passierstab durch ein grobes Sieb drücken. 650 g von dem Hagebuttenmus abmessen. Den Orangensaft mit dem Gelierzucker zufügen und aufkochen. 4 Minuten sprudelnd kochen lassen, in Gläser füllen, verschließen und erkalten lassen.

*Der Rose süßer Duft genügt,
man braucht sie nicht zu brechen –
und wer sich mit dem Duft begnügt,
den wird ihr Dorn nicht stechen.*

Friedrich Martin von Bodenstedt

Gartentipp:
Rosenmüdigkeit

Wie schön wäre es, auf dem Platz einer gerodeten Rose sofort neue Rosen setzen zu können! Doch so leicht ist das leider nicht: Die sogenannte Rosenmüdigkeit verhindert das Wachstum der gewünschten neuen Rose, vermutlich aus folgenden Gründen:

:: Rosen entziehen dem Boden über die Jahre hinweg wichtige Nährstoffe und Spurenelemente, was leider nicht durch normale Düngergaben ausgeglichen werden kann.

:: Die gerodete Rose hinterlässt Wurzelausscheidungen und Wurzelreste, die der neuen Rose nicht bekommen und wuchshemmend wirken können.

:: Im Laufe der Jahre vermehren und verbreiten sich kleine Wurzelälchen, kleine Fadenwürmer, in der Erde, an die die alte Rose gewöhnt war, die der neuen Rose aber sehr schaden können.

So klappt es dennoch:

Es gibt eine Möglichkeit, eine alte Rose durch eine neue zu ersetzen: Tauschen Sie einfach den Boden aus! Dafür entfernen Sie großzügig die Erde um die Pflanzstelle und füllen sie neu mit frischer Gartenerde oder einem Kompostdünger – und schon bald können Sie sich an neuen Rosen erfreuen!

Kunterbunt und kugelrund

Zum Ende des Sommers kann man sich wieder auf die bunten, verschiedenartigen und kugeligen Gewächse freuen: Zierkürbisse. Sie sind rund, genoppt, gestreift, birnenförmig, grün, gelb, orange, oder fast weiß und zeigen oft die verrücktesten Formen. Es macht Spaß, sich in einem Korb von Zierkürbissen auf die Suche nach Gesichtern, Gestalten oder menschlichen Zügen zu machen.

In unserem Garten samen sich die Zierkürbisse immer wieder von selbst aus. Auf dem Komposthaufen oder in einer geschützten Ecke des Gartens findet man auf einmal erst ein kleines Pflänzchen, dann die langen Ranken mit den großen gelben Blüten und zum Ende des Sommers als Überraschung die Früchte, von denen man bis dahin nicht wusste, wie sie aussehen werden. Da sich Zierkürbisse auch untereinander kreuzen, wird es immer spannend bleiben, welche Sorte sich gerade entwickelt.

Zierkürbisse haben eine nette und eine tragische Seite. Die nette zum Freuen habe ich eben beschrieben. Die tragische lautet: Außer zum Betrachten sind sie eigentlich zu nichts nütze. Will man einen Zierkürbis aufschneiden – wofür es normalerweise keinen Grund gibt – dann stößt man sehr schnell an seine Grenzen. Ich habe es irgendwann aus Neugierde einfach mal versucht; fast bin ich daran gescheitert.

Da gibt es also diese vielfältigen und bunten und, wie ich finde, wunderhübschen Gewächse – und sie haben keinen Sinn, außer schön zu sein. Sie sind einfach die, die sie sind; ohne einen tieferen Grund. Man kann sie nicht essen oder verarbeiten, nur anschauen oder auch anfassen.

Einfach nur da sein und schön sein, diesen Luxus erlaubt Gott vielen seiner Geschöpfe. Nur wir Menschen meinen, unser Dasein immer wieder durch unsere Leistung begründen zu müssen. „Es muss doch einen tieferen Sinn haben, dass es mich gibt!" – „Erst wenn ich etwas leiste und gut bin, weiß ich, dass ich lebe." – „Erst die Arbeit, dann das Vergnügen." Das alles sind Sätze, die tief in uns wurzeln. Wie wäre es, wenn wir uns neue Lebensüberschriften suchen, zum Beispiel: „Es reicht aus, dass ich lebe." – „So schön und besonders wie ich ist niemand." – „Ich bin ein Original, und andere freuen sich daran." – „Ich lebe einfach um zu leben und weil Gott es so wollte." – „Alles ist gut, so wie es ist."

Und Gott sah alles an, was er geschaffen hatte, und sah: Es war alles sehr gut.

1. Mose 1,31 (LUT)

Teil 3
Gestalten und verändern

Weniger ist mehr

Mit dem Garten geht es mir manchmal wie mit unserer Wohnung – ein „Tapetenwechsel" wäre gut, einfach mal etwas verändern, andere Blumen und Sträucher pflanzen, die Anordnung umstellen, eine neue Kräuterecke anlegen, Stauden teilen oder ganz entfernen ... So einfach wie im Wohnzimmer geht es im Garten dann doch nicht, und das ist auch gut so. Viele Pflanzen, Bäume und Sträucher haben lange gebraucht, bis sie zu dem wurden, was sie heute sind. Nur schwer kann ich mich davon trennen. Wenn ich allein an unseren Jasmin denke, wie lange der brauchte, bis er sich überhaupt zum Blütenansatz durchringen konnte! Ihn kann ich nicht einfach so ausreißen, das scheint mir unvorstellbar zu sein.

Und doch liegt ein gewisser Reiz darin, meine Umgebung noch einmal ganz neu zu denken. Wie würde unser „Traumgarten" heute aussehen, einige Jahre nachdem wir ihn angelegt haben? Würde ich mich trauen, bestimmte Bereiche komplett anders zu gestalten?

Hat man sich erst einmal an einen bestimmten Anblick gewöhnt, fällt es manchmal schwer, anders darüber zu denken. Und so, wie es ist, ist es ja eigentlich auch nicht schlecht. Und dennoch – Veränderung wäre gut. Aber womit beginnen? Zu groß scheint die Aufgabe, den kompletten Garten „umzuräumen". Wie viel Zeit, Kraft und Geld müsste ich da investieren! Also an einer Stelle anfangen? Aber an welcher?

In meiner Praxis rate ich Menschen oft, sich die einfachste Aufgabe bei einer Reihe von Veränderungswünschen als erste vorzunehmen. Was lässt sich am leichtesten angehen? Worauf hätte ich am meisten Lust? – Hat man erst einmal den ersten Schritt getan und ist ein kleiner Erfolg zu verzeichnen, dann geht der Rest wesentlich leichter von der Hand.

Für mich ist es ein großes Wunder, dass Gott uns immer wieder den Mut schenkt, Neuanfänge zu wagen und kleine erste, zweite und dritte Schritte zu gehen.

Der Anfang großer Ereignisse ist – wie der Anfang großer Flüsse – oft unscheinbar und klein.

Jonathan Swift

Ausgetretene Pfade

Manchmal frage ich mich, wie es wohl aussehen würde, wenn eine Kamera alle Schritte aufzeichnen würde, die ich in unserem Garten mache. Was käme dabei für ein Gewusel heraus, wenn man den Film im Zeitraffer laufen lassen würde: Ich gehe vom Haus zum Kompost, vom Beet zum Haus, um das Haus herum, im Gemüsebeet, am Zaun entlang, an der Hecke von vorn nach hinten bis in die äußerste Ecke …

Es gibt Strecken, die ich sehr häufig gehe, zum Beispiel die aus dem Haus an den Johannisbeersträuchern vorbei bis zur Mülltonne oder zum Komposthaufen. Oder auch den Weg von der Terrasse bis zu unserem runden Gemüse- und Blumenbeet. Andere Ecken des Gartens erreiche ich nur äußerst selten, zum Beispiel die Ecke rund um den großen alten Haselnussstrauch oder auch den hinteren Bereich unter den Robinien. Dort gibt es auch nur wenig zu tun, der Boden ist mit Stauden bedeckt, die kein Unkraut durchlassen.

Ich habe auch je nach Jahreszeit meine „Lieblingsziele" im Garten. Im Frühjahr schaue ich zum Beispiel häufig nach den Frühblühern im Blumenbeet, im Sommer gehen meine Schritte oft zu den leckeren Beeren an den Sträuchern, im Herbst zu den Apfelbäumen und im Winter meist nur von der Haustür bis zum Auto oder maximal zur Mülltonne. Diese Gewohnheiten sind zwar bequem, aber ich möchte aufpassen, dass ich nicht nur meine Lieblingswege gehe – im Garten genauso wie im Leben. Dazu gehört es, immer wieder etwas Neues auszuprobieren, sich neue kleine Ziele zu suchen und auf sie zuzusteuern. Gibt es etwas, das ich eigentlich gerne einmal tun möchte, was ich mich aber bisher nicht getraut oder mir nicht erlaubt habe? In meinem Leben gibt es davon schon einige Dinge, obwohl ich mich über mangelnde Abwechslung nicht zu beklagen brauche. Ich würde zum Beispiel gerne noch mal Skifahren lernen oder eine neue Fremdsprache. Ich trage außerdem den großen Wunsch in mir, dass Gott immer wieder mein Herz berührt und durch seinen Geist Neues in unserer Gemeinde, Region und unserem Land schafft. Es wäre schön, wenn Menschen ihre ausgetretenen Pfade verlassen und sich wieder auf ein Leben mit Gott einlassen.

Wenn du aber dort den Herrn, deinen Gott, suchen wirst, so wirst du ihn finden, wenn du ihn von ganzem Herzen und von ganzer Seele suchen wirst.

5. Mose 4,29 (LUT)

Die gute, alte Schubkarre

Ich brauche nur ein Drittel meiner Kraft, wenn ich Erde, Kompost, Steine oder Pflanzen mit einer Schubkarre transportiere, statt sie zum Beispiel in Eimern zu tragen. Seit dem Mittelalter nutzen Handwerker in Europa diese „Wanne auf Rädern". Keine motorisierte Maschine hat es geschafft, diesem besonderen Gartengerät seinen festen Platz in fast jedem Garten streitig zu machen.

Relativ simpel gebaut ist sie, die Schubkarre: eine große Wanne, ein Reifen, zwei Griffe. Bei jedem Garteneinsatz leistet sie mir unschlagbar gute Dienste. Ich stelle sie mir einfach neben das Beet oder meinen Arbeitsplatz, und schon landen Unkraut, abgeschnittene Blumen oder Äste darauf. Mit kleiner Kraft und etwas Schwung transportiere ich dann alles ab in Richtung Komposthaufen oder zur Sammelstelle für den Ast- und Strauchschnitt am Gartenrand. Dabei ist es wichtig, dass ich mir die Karre nicht zu voll lade, denn sonst kommt sie ins Schlingern und kippt vielleicht sogar um.

Einmal hatte unsere Schubkarre einen Platten, und dabei hätte ich sie so dringend gebraucht.

Spätestens da wurde mir bewusst, wie unschlagbar wichtig mir dieses kleine Gartenfahrzeug ist. An diesem Tage musste ich die Eimer nehmen und ein paar Mal mehr als sonst zum Komposthaufen gehen. Schon war die Arbeit wesentlich mühsamer als sonst.

So einen Lastenträger wie die Schubkarre im Garten könnte ich auch an anderen Stellen in meinem Alltag ganz gut gebrauchen: Einfach mal alle Sorgen, Fragen und Nöte in eine große Wanne kippen, ab damit zum „Sorgenkompost" – und dann nicht mehr dran denken und darauf warten, dass aus meinem Mist guter Humus geworden ist. … Das ist eine schöne Vorstellung, leider geht es so einfach nicht. Oft genug mühe ich mich Eimer für Eimer ab mit dem, was mir gerade so zu schaffen macht.

Gut ist es, dass ich die Kraft des Gebets nutzen kann und weiß, dass Gottes Herz immer offen steht für meine kleinen und großen Nöte. Ich darf ihm erzählen, was mir Kummer bereitet und womit ich mich überfordert fühle. Er nimmt mir meine Lasten ab und kümmert sich darum.

Alle eure Sorge werft auf ihn, denn er sorgt für euch.

1. Petrus 5,7 (LUT)

Werkzeuge für ein ganzes Gärtnerleben

Wir wagen einen Blick in den Geräteschuppen. Gartengeräte gehören von jeher zur Grundausstattung eines jeden Gärtners, und ohne sie wären viele Tätigkeiten und Handgriffe im Gartenjahr nicht möglich. Seit ein paar Jahren kehrt mit den unverwüstlichen und langlebigen Gabeln, Hacken und Spaten aus Edelstahl so etwas wie eine „Kultur der Gartengeräte" in das Bewusstsein der Hobbygärtner zurück. Wer langlebige Gartengeräte anschafft und verwendet, handelt umweltfreundlich und energiebewusst, denn jedes Gerät trägt Material und Energie für die Herstellung in sich. Früher, als es noch viel schwieriger war, gutes Gerät herzustellen und zu erhalten, gingen die Leute sehr sorgsam mit ihren Utensilien um, denn ihre Existenz hing davon ab. War das Werkzeug nicht gut, gab es auch keine guten Erträge. Jeder Gärtner hatte seinen persönlichen Spaten und seine persönliche Hacke, an die er gewöhnt war und die besonders pfleglich behandelt wurde.

Heute achten Gärtner besonders darauf, dass die Gartengeräte ergonomisch günstig, Rücken schonend anwendbar und leicht zu reinigen sind. Sie müssen gut in der Hand liegen und zum entsprechenden Gartenboden passen. Es lohnt sich, in ein gutes Gartengerät etwas Zeit bei der Auswahl zu investieren. Im Neuen Testament lesen wir davon, wie viel Mühe Gott sich mit einem Menschen macht, der als „auserwähltes Werkzeug" (Apostelgeschichte 9,15) bezeichnet wird. Aus Saulus, dem Gegner des Evangeliums, wird Paulus – ein Mann, der mutig und klar die gute Botschaft von Jesus in die Welt hineinträgt. Als Christen unserer Tage dürfen wir uns durchaus als Nachfolger von Paulus verstehen, auch wenn wir keine so dramatische Verwandlung erlebt haben. Fakt ist: Gott investiert viel in uns, er gibt sich alle Mühe, uns zu formen und zu gestalten – mit dem Ziel, dass wir sein Werkzeug in dieser Welt werden.

Christus hat keine Hände

Christus hat keine Hände, nur unsere Hände, um seine Arbeit heute zu tun.
Er hat keine Füße, nur unsere Füße, um Menschen auf seinen Weg zu führen.
Christus hat keine Lippen, nur unsere Lippen, um Menschen von ihm zu erzählen.
Er hat keine Hilfe, nur unsere Hilfe, um Menschen an seine Seite zu bringen.

Gebet aus dem 14. Jahrhundert

Quicklebendiges Sprudeln

Kaum etwas beruhigt uns mehr als der Anblick einer glitzernden Wasserfläche oder das sanfte Plätschern eines Baches. Schon eine kleine Schale mit Wasser bringt das flüssige Element in unser Blickfeld. Stellt man es an den Rand eines Blumenbeetes oder auf den Balkon, dann spiegeln sich Himmel und Pflanzen darin. Vögel erfreuen sich daran und nutzen es als Tränke. Selbst die Katze schleicht hin und wieder zum Schälchen und nimmt ein paar Schlucke daraus.

Wem der Platz für einen Teich fehlt oder wem die Anlage zu viel Mühe macht, der kann schon mit einfachen Mitteln Miniwasserflächen im Garten entstehen lassen. Die eben genannte Schale, ein Stein mit einer Kuhle, mehrere Tontöpfe oder auch ein alter, ausgedienter Malerkübel, in die Erde eingegraben, schaffen einen Quellort, der sich nach jedem Regen neu befüllt. Die „tragbaren Wasser" lassen sich zu kleinen Gruppen zusammenstellen, halbierte Holzfässer in verschiedenen Größen erwecken sogar den Eindruck einer kleinen Seenlandschaft. Pflanzt man ringsherum ein paar Farne, Funkien und andere schöne Blattpflanzen, ist eine frische grüne Oase entstanden, die Mensch und Tier erfreut.

Lebendig wird es dann, wenn Bewegung ins Wasser kommt und zum Beispiel eine kleine Pumpe dafür sorgt, dass das Nass von einem Behälter zum anderen oder aus dem Mund eines „Wasserspeiers" fließt. Frische, sprudelnde Quellen der Inspiration braucht unser Leben immer wieder. Wir brauchen neue Eindrücke, Erlebnisse, Menschen, Erfahrungen, damit wir in Bewegung und lebendig bleiben. Die Sehnsucht nach dem Wasser drückt das aus: Wir sehnen uns nach Frische, Lebendigkeit und Erneuerung.

Ich halte Gott mein offenes Herz hin und bitte ihn, dass er sein lebendiges Wasser, seinen guten Geist in mein Leben hineinfließen lässt. Je häufiger ich das tue, umso mehr werde ich durchtränkt von seiner Gegenwart und Nähe und erlebe eine echte und tiefe Veränderung. Von einem Schluck allein wird mein Durst noch nicht gestillt. Erst ein regelmäßiges, tiefes Satttrinken ermöglicht Erneuerung und Leben.

Denn der Herr, euer Gott, bringt euch in ein gutes Land.
Dort gibt es Flüsse, Seen und Quellen, die in den Tälern und Bergen entspringen.
5. Mose 8,7

Teil 4
Schattenplätze

Ganz im Verborgenen

Es gibt Bereiche in meinem Garten, die ich nicht so gerne vorzeige und sie deshalb ein wenig verstecke. Zum Beispiel den Komposthaufen, auf dem sich immer wieder organische Küchen- und Gartenabfälle finden. Oder die Ecke mit den Mülltonnen – gut versteckt hinter dem Carport wird dort gesammelt, was der Haushalt Woche für Woche an Abfall produziert. Ein paar Ecken mit altem Holz, Tontöpfen oder Sachen, die für den Sperrmüll gesammelt werden, gibt es auch. Alles nicht die Vorzeigeplätze – und doch irgendwie wichtig für den Familien- und Gartenablauf.

Wir brauchen solche Orte zum Abstellen in unserem Leben: Erst etwas zur Seite räumen, Platz schaffen für Neues – und dann entscheiden, was mit den abgelegten Sachen passieren soll. Manches ist von vornherein zum Wegwerfen und Beseitigen bestimmt, anderes könnte man vielleicht noch verwenden, verschenken oder irgendwie gebrauchen.

Ich frage mich, warum es uns und vielleicht auch anderen solche Mühe macht, unsere „Dreckecken" herzuzeigen. Es wäre doch auch einmal eine Idee, Besucher unseres Gartens als erstes zum Kompost und zur Müllecke zu führen. „Schaut mal, hier lagert alles, was wir nicht mehr brauchen". Wieso ist uns allein diese Vorstellung peinlich oder unangenehm?

Viele geben sogar streng darauf acht, dass in ihrem Garten gar nicht erst solche Ecken entstehen. Uns als Familie ist das bisher nicht gelungen, vielleicht weil wir zu viel Platz oder eine zu große Sammelleidenschaft haben.

Die Sehnsucht von uns Menschen, bei anderen einen guten Eindruck zu hinterlassen und als ordentlich und gut organisiert zu gelten, ist groß. Wir wollen uns gerne schützen vor Scham und Peinlichkeit, die dann aufkommen, wenn andere sehen oder erleben, dass wir vielleicht gar nicht so sind, wie es auf den ersten Blick scheint. Wir verstecken unsere Fehler und Macken, um nicht als schwach zu gelten oder mangelhaft.

Dabei erlebe ich immer wieder, dass dort, wo Leute anfangen, über die Niederlagen ihres Lebens zu reden oder zu schreiben, eine große Erleichterung aufkommt. „Ach Mensch, denen geht es ja genauso wie uns! Das hätten wir zwar nicht gedacht, aber auch die kochen nur mit Wasser und haben an vielen Stellen so ihre Mühe." Durch Ehrlichkeit kann auf diese Weise tiefe Gemeinschaft und echte Verbindung entstehen. Es wäre einen Versuch wert, damit aufzuhören, anderen etwas vorzumachen, um besser zu scheinen, als man tatsächlich ist.

Hilf mir, aufrichtig und ehrlich zu leben,
weil ich meine Hoffnung auf dich setze.

Psalm 25,21

SMALL
GARDEN

Baumhaus

Davon habe ich als Kind immer geträumt – ein kleines, eigenes Häuschen, hoch oben in unserem Kirschbaum. Das wäre was! So einen ruhigen, ungestörten Ort zu haben, an den ich mich nach Lust und Laune zurückziehen kann und an dem mich keiner so leicht findet. Mein Traumbaumhaus wäre nur über eine Strickleiter zu erreichen gewesen, und wenn ich wirklich gar niemanden hätte sehen wollen, dann hätte ich sie einfach nach oben gezogen und wäre ganz für mich gewesen.

Kinder lieben diese geschützten, geheimnisvollen Orte in alten Bäumen, im Wald oder in der hintersten Ecke des Gartens. Die Sehnsucht nach Ungestörtheit, Privatheit und ein bisschen Abenteuer steckt dahinter. Vielleicht setzen Erwachsene diesen Traum dann in ein eigenes Haus um.

In unserer lauten, oft übervollen Welt sind die Stille und Orte zum Rückzug wahre Goldschätze. Einfach mal nichts hören und sehen von den täglichen Pflichten und Aufgaben, von den Menschen mit ihren Anforderungen und ihrem „So-sein-Müssen". Ganz bei sich selbst sein und Zeit haben, den eigenen Gedanken und Träumen nachzuhängen – Jesus wusste solche Orte und Momente ebenfalls zu schätzen. Er nutzte sie nicht nur zur Selbstklärung, sondern vor allem zum Gespräch mit seinem Vater. Alles bei Gott abladen, Rat von ihm holen, Stille Zeit mit ihm verbringen, die Ohren und das Herz öffnen für das leise Reden des Heiligen Geistes. Noch vor dem Beginn des Tages ließ Jesus sich auf diese Zweisamkeit ein.

Wann ist mein ruhiger Moment im Tag, an dem ich mich in mein „inneres Baumhaus" zurückziehen und ganz bei mir und Gott sein kann? Welche Gedanken und Gefühle machen sich dann in mir breit? Bin ich bereit, mich auch traurigen oder mutlosen Gedanken zu stellen, oder weiche ich dem lieber aus? Meiner Erfahrung nach verlieren herausfordernde Lebensfragen ihre deprimierende Wirkung, wenn ich ihnen in Ruhe nachgehe, sie laut ausspreche oder auch aufschreiben kann. Sie rücken weg von mir, und mit dem gewonnenen Abstand stellt sich oft auch eine neue Perspektive ein.

Wo Gott in der Mitte ist und ich mich Gottes Liebe vertrauensvoll hingebe, allen Sinn, alles Glück des Lebens von Gott erwarte, da kehrt Ruhe ein.
Ulrich Wilckens

Musik klingt durch den Garten

Jeder Garten hat seinen ganz speziellen Klang, einen „Ohrwurm" aus dem Rascheln und Rauschen, dem Plätschern und Pfeifen im ganz besonderen Rhythmus. Diesem Takt muss man als Gärtner oder Gärtnerin einfach folgen.

Die Klangwelt des Gartens ändert sich im Laufe des Jahres. Im Frühjahr wird sie zum Beispiel übertönt vom Gesang der Vögel. Spitzen wir doch einmal ganz besonders die Ohren bei einem Gang durch den Garten. Pflanzen als solche sind ja stumm und geben keinen Ton von sich, erst Wind und Regen bringen sie zum Klingen; das Rascheln der Blätter, wenn der Wind durch sie streicht, das Plätschern und Plitschen unter dem Apfelbaum, auf den ein Regenguss niedergeht …

Kommen Menschen in den Garten, verändert sich die Geräuschkulisse sofort: Stimmengewirr, der Klang von Schritten auf dem Kiesweg –; besonders sind immer die jauchzenden Kinderstimmen, die vom Trampolin herüber klingen oder aus dem Pool des Nachbarn. Hin und wieder mischen sich noch Tierstimmen dazwischen, das Miauen unseres Katers, das Gackern der Hühner nebenan, ein Pfau im übernächsten Grundstück, vielleicht das Bellen eines Hundes. Ganz laut wird es, wenn jemand den Rasenmäher anschmeißt oder mit dem Auto auf den Hof fährt. Das sind dann aber auch schon bald die einzigen „technischen" Geräusche in der sonst eher sanften Klangwelt. Im Herbst und Winter fängt sich der Sturm vielleicht in kleinen Samenkapseln, die sich noch an den letzten Ästchen der erfrorenen Mohnblumen gehalten haben.

Es lohnt sich, die Ohren aufzusperren und genau hinzuhören. Was erzählt mir mein Garten für eine Geschichte? Welche Erinnerungen werden damit geweckt? Welche Geräusche sind mir eher angenehm, welche unangenehm?

Der Herr hat mir die Zunge eines Jüngers gegeben, damit ich weiß, wie ich den Müden ermutigen kann. Morgen für Morgen öffnet er mir das Ohr, damit ich höre, wie ein Jünger hört.

Jesaja 50,4

52

Ganz schön in der Klemme

Um unseren Robinienbaum hat sich ein Gespinst gebildet, lauter Efeuzweige ranken sich rund um den gesamten Stamm und die Äste. Eigentlich hatte ich vor ein paar Jahren nur eine kleine Fläche unter dem Baum mit einem Bodendecker bepflanzen wollen und kaufte ein Töpfchen Efeu im Handel. Dieses „kleine Töpfchen" ist sein Geld mehr als wert gewesen: Es hat sich innerhalb von wenigen Jahren um ein Vielfaches vermehrt. Nicht nur der Boden ist inzwischen gut bedeckt, sondern die gesamte Fläche unter dem Baum und am Baum entlang. Eine ganze Zeit lang hat uns das nicht weiter gestört, aber irgendwann haben wir dann doch die Entscheidung getroffen: Es ist zu viel geworden, der Efeu muss weg – zumindest am Baum!

Die Beseitigung stellte sich als schwieriges Unternehmen heraus. Die ehemals kleinen dünnen Ästchen hatten sich in regelrechte Stämme verwandelt und bildeten einen dicken „Baum um den Baum". Mit viel Mühe und Geduld ließ sich Stück für Stück entfernen, doch noch immer ist die Arbeit nicht ganz getan …

Mich macht diese Geschichte nachdenklich. Solche „Wucherungen" kenne ich auch aus meinem eigenen Leben, da fängt etwas klein und unscheinbar an und macht vielleicht sogar noch einen ganz guten Eindruck. Da eine kleine, dumme Angewohnheit, dort eine verpasste Chance oder ein paar unfreundliche Worte, die ich lieber hätte für mich behalten sollen. Kleine Anfänge, die sich Stück für Stück weiterentwickeln und bald schon alles im wahrsten Sinne des Wortes „überschatten".

Natürlich kann man das Ganze auch positiv sehen – auch gute Gewohnheiten können sich auf ähnliche Weise vervielfältigen und ausbreiten, nur haben wir es ungleich schwerer damit, da sie ein bisschen mehr Mühe und Anstrengung von uns erfordern.

Wer seine Gewohnheiten nicht in gut oder schlecht einteilen möchte, kann sich trotzdem fragen, ob das, was er immer wieder tut, genau das ist, was er tatsächlich immer wieder tun möchte – oder ob er es lieber austauschen sollte gegen eine andere, bessere Angewohnheit.

Ich habe mir auf jeden Fall angewöhnt, auf solche kleinen „Anfänge" zu achten und mir vorgenommen, mich nicht mehr so leicht von schlechten Angewohnheiten in einen zu festen Griff nehmen zu lassen.

Die Fesseln der Gewohnheit sind meist so fein, dass man sie gar nicht spürt. Doch wenn man sie dann spürt, sind sie schon so stark, dass sie sich nicht mehr zerreißen lassen.

Samuel Johnson

Manches bleibt verborgen

Den hinteren Teil unseres Gartens haben wir bewusst so gestaltet, dass dort ein paar „verwunschene Ecken" entstehen – Regionen, in denen wir nicht ständig Unkraut hacken und nach dem Rechten sehen müssen. Bodendeckende Pflanzen unter den Sträuchern und Bäumen helfen uns dabei und sorgen für einen aufgeräumten Eindruck ohne großen Arbeitsaufwand.

Die Idee dahinter war auch, dass in den etwas dichteren Büschen und zwischen dem Efeu und anderen Gewächsen die Vögel in Ruhe ihre Nester bauen und die Jungen ausbrüten können. Vielleicht fühlt sich auch ein Igel zwischen den Laub- und Steinhaufen wohl, oder ein paar Salamander halten dort Einzug. Wir lassen diesen kleinen Gartenbereich fast in Ruhe, nur hin und wieder schneiden wir die Büsche und sorgen für die grobe Grundordnung. Ob unser Plan, dort Kleintieren und Vögeln Raum zu geben, tatsächlich aufgegangen ist, wissen wir nicht zu hundert Prozent. Wir hören den Gesang der Vögel im Frühjahr und sehen auch in der Dämmerung den einen oder anderen Igel über das Grundstück huschen, aber ob sie wirklich auf unserem Grundstück wohnen und wer sich vielleicht dort noch alles so angesiedelt hat, das bleibt ein Geheimnis – und so muss es auch sein. Der ungestörte Ort wäre sonst keiner mehr.

Wir Menschen tragen tief in uns das Bedürfnis nach Privatheit. Es gibt auch in unserem Inneren Orte und Bereiche, in die wir nur ganz wenigen Menschen oder vielleicht gar niemandem Einblick gewähren möchten. Das ist sehr berechtigt und auch wichtig, wir benötigen diesen persönlichen Schutzraum für ein „gesundes Seelenklima". Da, wo dieser Schutzraum unfreiwillig allzu öffentlich gemacht wird, was zum Beispiel in den modernen Medien häufig geschieht, bleibt das nicht ohne Auswirkungen.

Und dennoch bleibt in uns ein Stück Sehnsucht, auch in den tiefsten Tiefen unseres Herzens verstanden zu werden. Diese Sehnsucht kann kein Mensch erfüllen, nicht einmal wir selbst können uns dieses Geschenk machen. Für mich ist ein unglaublich tröstlicher Gedanke – und auch mein fester Glaube –, dass Gott unser Herz durch und durch kennt. Als unser Schöpfer hat er uns gemacht und erdacht und weiß ganz genau, was gut für uns ist. Ihm dürfen wir uns getrost öffnen und anvertrauen ohne die Angst, dadurch verletzt oder missbraucht zu werden. Bei ihm ist alles gut aufgehoben.

*I*ch will euch lehren, denn ich bin demütig und freundlich,
und eure Seele wird bei mir zur Ruhe kommen.

Matthäus 11,29

Teil 5
Der Obstgarten

Apfelbäume

Einen Teil unseres Gartens haben wir als Familie für die Obstbäume reserviert. Es mag Gärtner geben, die darauf keinen besonderen Wert legen und ihre Äpfel und Pflaumen lieber im Supermarkt kaufen. Das tun wir natürlich auch immer wieder. Trotzdem ist für uns die Pflanzung einiger Obstbäume fast eine „Bekenntnissache" gewesen, denn wir halten es mit dem Zitat Martin Luthers: „Auch wenn ich wüsste, dass morgen die Welt unterginge, würde ich heute noch ein Apfelbäumchen pflanzen." Ein Baum macht Hoffnung für das Morgen und ist eine Investition in die Zukunft.

Von unserem Wohnzimmerfenster aus kann ich einen unserer Apfelbäume das ganze Jahr über beobachten. Im Frühjahr steht er kahl da und reckt seine Zweige in den hellblauen Frühlingshimmel. Bald zeigen sich die ersten grünen Spitzen und Blütenansätze. Kommt die Sonne dann mit ihrer ganzen Kraft, ist der Baum in kürzester Zeit mit rosa-weiß-grünen Plusterblüten und -blättchen überzogen. Einige Wochen später dann erst grüne Kugeln, die Woche für Woche weiter wachsen, um sich bald in einem zarten Gelbton zu färben. Schon im August ist dieser Baum fertig mit seiner Produktion und wir können saftige Helios-Äpfel ernten. Ein wahrer Geschmacksregen aus Säure und Süße!

Das gesamte restliche Jahr sammelt er Kräfte für eine neue Apfelsaison, erst mit grünen Blättern, dann mit braun-grünen und kurz vor dem Winter in seiner ganzen Kahlheit. Dieses Schauspiel wiederholt sich Jahr für Jahr und bietet einen schönen Hintergrund für die tausenderlei anderen Aufgaben und Alltagsherausforderungen meines Lebens.

In der Bibel ist die Rede davon, dass der Wechsel der Jahreszeiten, die Abfolge von Sommer auf Winter und Ernte auf Saat ein Zeichen ist für die Beständigkeit unserer Erde. „Solange die Erde besteht, wird es Saat und Ernte geben, Kälte und Hitze, Sommer und Winter, Tag und Nacht" (1. Mose 8,2). Diese Aussage gibt Trost und Hoffnung für Zeiten, in denen das Leben wieder einmal drunter und drüber zu gehen scheint.

Es gibt Dinge, die sind beständig und sie bleiben es auch; es gibt Abläufe, die wiederholen sich immer wieder; und es gibt Apfelbäume, die tragen Jahr für Jahr ihre Früchte. Sie werden mir zum Symbol für die Lebenskraft Gottes, die er in alle Dinge hinein gepflanzt hat.

Gartentipp:
Zum richtigen Zeitpunkt ernten

Herbstzeit ist Erntezeit – jedenfalls für Äpfel und Birnen. Ende September bis Mitte Oktober kann geerntet werden. Ob die Früchte reif sind, kann man beispielsweise daran erkennen, ob sich der Stiel ohne Mühe vom Baum lösen lässt – wenn ja, ist der richtige Zeitpunkt gekommen, ansonsten warten Sie lieber noch ein paar Tage und testen dann erneut. Pflücken Sie das Obst keinesfalls zu früh, denn dann bleiben die Äpfel grün und geschmacklos und laufen Gefahr, nach dem Einlagern zu schrumpeln. Fallobst heben Sie am besten sofort auf, sonst drohen Schimmelkrankheiten.

Gartentipp:

Grüne Tomaten im Haus nachreifen lassen

Hängen im Herbst noch grüne Tomaten an den Stöcken, dann kann man
die gesamte Pflanze ausreißen und kopfüber unter einem geschützten
Dach aufhängen. Bei Frost ins Haus holen. Man kann die Tomaten auch
vom Strauch entfernen und in flache Kisten legen. Bei 18−22 Grad reifen sie langsam im Haus nach. Bitte nur Früchte ohne Beschädigungen
und Flecken ins Haus holen!

Alle Blätter abwerfen

Kommen die ersten Herbstwinde um die Ecke, fangen die Bäume im Obstgarten an zu zittern. Bald schon müssen sie ihr Grün hergeben und ihre ganze Blätterpracht fallen lassen. Sinken die Temperaturen in den einstelligen Bereich, ist zunächst für viele Obstbäume noch einmal Reifezeit angesagt. Die kühlen Nächte sorgen dafür, dass Äpfel und Birnen zu ihrer vollen Geschmacksentfaltung kommen. Gleichzeitig sind in dieser Phase die Wachstumskräfte des Baumes vollends erschöpft. Er hat für diese Saison alles gegeben, was er konnte, um wohlschmeckende, zahlreiche und reife Früchte entstehen zu lassen.

Als ob jemand einen unsichtbaren Schalter umgelegt hätte, beginnen die Bäume alle miteinander ihre Säfte den Blättern zu entziehen. Zu dieser Jahreszeit sehen sie die meisten von ihnen auf einmal braun und welk aus. Sind die Blätter komplett vertrocknet, fallen sie von den Bäumen. Entlastung pur für den Träger, Rückfuhr der Versorgung, Startpunkt für die Erholungs- und Winterphase. Der Baum verkleinert seine Ober- und damit auch seine Angriffsfläche für die kalten und rauen Winterfröste.

Ich kenne auch solche Phasen in meinem Leben, nach einer großen Anstrengung zum Beispiel oder mitten in einer familiären Krise. Alles, was in diesem Moment nicht unbedingt sein muss, wird zurückgefahren. Im Haushalt geschieht nur das Nötigste, neue Projekte müssen warten, Termine vergebe ich nur ganz dosiert und nach genauer Prüfung. Das Leben wird auf Rückzug geschaltet, Körper und Seele brauchen alle Kräfte zum Bewältigen der aktuellen Herausforderung, mehr geht gerade nicht. Gott verspricht uns für solche Zeiten unseres Lebens seine ganz besondere Nähe und Gegenwart. Aber nicht nur das: Wenn wir mit ihm rechnen, uns an ihn wenden, werden unsere Kräfte erneuert und wir kommen auch nach Krisen wieder zurück ins Leben.

Er gibt den Erschöpften neue Kraft; er gibt den Kraftlosen reichlich Stärke.
Es mag sein, dass selbst junge Leute matt und müde werden und junge Männer
völlig zusammenbrechen, doch die, die auf den Herrn warten, gewinnen neue Kraft.
Sie schwingen sich nach oben wie die Adler.
Sie laufen schnell, ohne zu ermüden. Sie werden gehen und werden nicht matt.

Jesaja 40,19-31

Spätsommerkirschen

Kirschen ernten im Spätsommer? Das kann doch nur ein gärtnerischer Irrtum sein! Die Reifezeit für Kirschen in unseren Breiten, egal ob süß oder sauer, ist von Ende Mai bis Ende Juni, vielleicht noch in den Juli hinein. Ganz sicher sind die Kirschen, von denen hier die Rede ist, auch nicht vergleichbar mit den herkömmlich bekannten Sorten. Kornelkirschen sind Wildfrüchte und haben nur rein äußerlich ein wenig Ähnlichkeit mit den Süß- oder Sauerkirschen. Sie haben einen länglichen Kern und ein äußerst aromatisches, sehr säuerliches Fruchtfleisch – und verlangen von dem, der sie zu Marmelade oder Gelee verarbeiten will, ein hohes Maß an Geduld und Zeit. Aber sie haben es in sich, zumindest was den Vitamin-C-Gehalt betrifft: Eine Kornelkirsche, etwa ein bis zwei Zentimeter groß und länglich, soll angeblich so viel davon enthalten wie eine ganze Zitrone.

Im Frühjahr ist der cornus mas, auch Hartriegel genannt, das erste Gewächs in unserem Garten, das seine zarten, hellgelben Blütendolden noch vor den Blättchen in den Himmel reckt. Und sofort sind auch schon die ersten Insekten zur Stelle, die durch den milden Honigduft der Blüten angelockt werden. Bevor wir unseren Garten anlegten, hatte ich noch nie zuvor von diesen „Spätsommerkirschen" gehört. Auch „Hartriegel" war mir unbekannt. Erst durch einen jungen Wildpflanzenkenner und Biogartengestalter wurden wir darauf aufmerksam.

So ähnlich, wie ich es damals beim Gartenbau erlebt habe, erfahre ich es immer wieder im täglichen Miteinander: Ganz häufig brauchen wir andere Menschen, die uns auf Besonderheiten hinweisen. Unser eigenes Wissen, unser Horizont ist begrenzt, auch wenn wir noch so viel studiert, gelernt und erlebt haben.

Denke ich an die Menschen, die mir von Gott erzählten, als ich eine Jugendliche war, dann bin ich heute noch dankbar für sie. Sie haben ihren Glauben ernst genommen, strahlten eine tiefe Liebe zu Gott aus und konnten auf lebendige und anschauliche Weise darüber berichten, wie ihre Beziehung zu unserem Schöpfer ihr Leben verändert hat. Das Evangelium von Jesus Christus darf nicht nur für sich behalten werden, sondern muss „unters Volk", damit es seine Wirkung entfalten kann.

*Nichts kann uns so tief berühren wie die Erfahrung,
dass Gott uns aus tiefstem Herzen liebt.*

Richard Foster

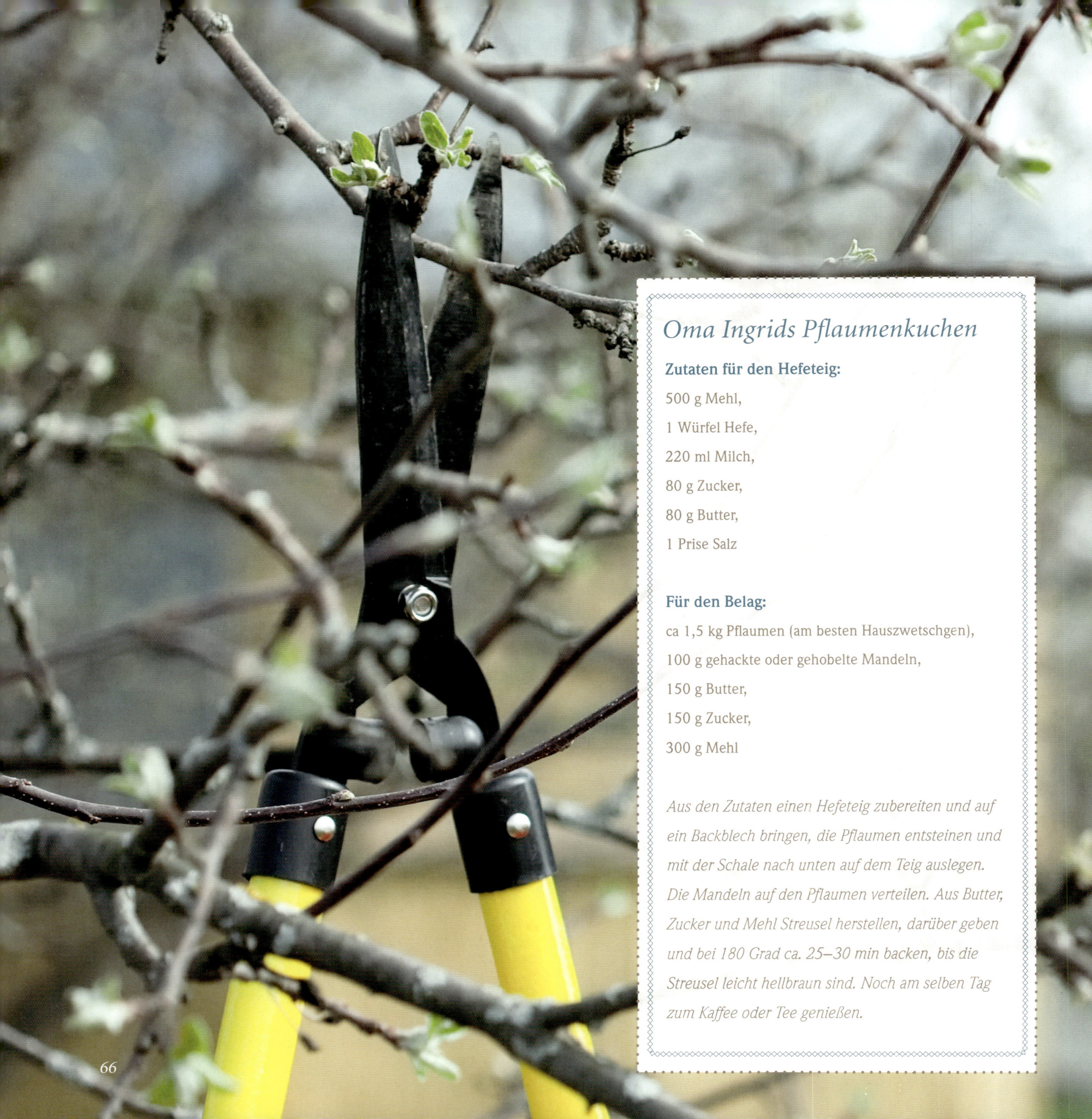

Oma Ingrids Pflaumenkuchen

Zutaten für den Hefeteig:

500 g Mehl,

1 Würfel Hefe,

220 ml Milch,

80 g Zucker,

80 g Butter,

1 Prise Salz

Für den Belag:

ca 1,5 kg Pflaumen (am besten Hauszwetschgen),

100 g gehackte oder gehobelte Mandeln,

150 g Butter,

150 g Zucker,

300 g Mehl

Aus den Zutaten einen Hefeteig zubereiten und auf ein Backblech bringen, die Pflaumen entsteinen und mit der Schale nach unten auf dem Teig auslegen. Die Mandeln auf den Pflaumen verteilen. Aus Butter, Zucker und Mehl Streusel herstellen, darüber geben und bei 180 Grad ca. 25–30 min backen, bis die Streusel leicht hellbraun sind. Noch am selben Tag zum Kaffee oder Tee genießen.

Baumschnitt

Obstbäume sind wunderbare Gewächse, die nach und nach leckere Früchte hervorbringen. Damit aber die Früchte gesund wachsen und die Ernte reichlich ist, müssen Obstbäume von Anfang an beschnitten und damit in der Art ihres Wuchses „erzogen" werden. Werden die falschen Äste stehen gelassen, dann wirkt sich das langfristig auf Form und Ertrag des Baumes aus.

Nach der Pflanzung unserer Obstbäume stellten wir fest, dass wir selbst so gut wie keine Ahnung vom Baumschnitt hatten. Das, was man in entsprechenden Fachbüchern und Internetplattformen darüber lesen konnte, erschien uns mehr oder weniger wie „böhmische Dörfer". Wie in aller Welt sollten wir Leit- und Gerüstäste von Schlitz- und Fruchtästen unterscheiden? Und was bedeutete es, unseren jungen Bäumen sofort am Anfang einen „Erziehungsschnitt" zu verpassen? Wir sahen die Notwendigkeit des Baumschnitts wohl ein, fühlten uns aber der Durchführung nicht gewachsen. Was, wenn wir die falschen Äste abschnitten und unser Baum für sein ganzes Leben verdorben wäre?

Zu unserer großen Erleichterung fanden wir einen Praktiker, der uns in die ersten Geheimnisse des Baumschnitts am praktischen Beispiel unserer eigenen Obstbäume einführte. Von ihm erfuhren wir, wie wir unsere Bäume in der richtigen Weise im Wachstum fördern und auch hindern können.

Heute trauen wir uns schon selbst daran und haben so ein gewisses Gefühl dafür entwickelt. Profis sind wir noch lange nicht, aber auch keine gänzlichen Neulinge mehr.

Die Bibel redet von „Früchten des Heiligen Geistes", die in uns wachsen, wenn wir Gott nur genügend Raum geben: „Die Frucht aber des Geistes ist Liebe, Freude, Friede, Geduld, Freundlichkeit, Güte, Treue, …" (Galater 5,22). Um diese Früchte ernten zu können, müssen vorher andere Dinge weichen – zum Beispiel Hass, Neid, Selbstsucht oder Streit. Ein guter, geistlicher „Beschnitt" ist notwendig. Ich entscheide mich dafür, gute Früchte hervorbringen zu wollen und treffe die entsprechenden Vorkehrungen dafür. Nicht immer lassen sich Wildwüchse vermeiden, und manchmal wachsen gute und hinderliche Äste unerkannt eine Zeit lang nebeneinander, bis klar wird, in welcher Weise sie sich entwickeln.

Unsere Welt hungert nach Menschen,
die eine echte Wandlung durchgemacht haben.
Richard Foster

Quittensegen

Ein kleiner Quittenbaum war schon immer mein Herzenswunsch. In einer ganz bestimmten Zeit meines Lebens lebte ich an einem Ort, an dem es jedes Jahr im Herbst eine wunderbare Quittenernte gab. Seitdem habe ich die Liebe zu diesem Obst mit seiner besonderen Schale und dem leicht zitronigen Geruch entdeckt.

Schon im Frühling berauscht mich unser kleines Quittenbäumchen mit einer Vielzahl von weiß-rosa Blüten, die so zart und fein anmuten, als hätte sich ein Maler die Mühe gemacht, jede einzelne Blüte mit hauchfeinen Faserstrichen zu versehen. Über den Sommer wachsen und reifen dann zunächst die unscheinbaren grünen und harten Kugelfrüchte heran, die nach nichts aussehen und auch nicht wie eine essbare Frucht daherkommen. Grün bleiben sie relativ lange am Baum hängen, erst mit den kühleren Nächten im September und Oktober verwandeln sie ihre Farbe in ein sattes, warmes Gelb, auf das man immer wieder schauen muss. Von diesen Früchten geht eine ganz besondere Wirkung aus, und nicht umsonst ist ein gut gekochtes Quittengelee für viele die Krönung eines opulenten Sonntagsfrühstücks. Quittenfrüchte werden auf besondere Art verarbeitet und zubereitet. Roh sind sie ungenießbar, aber als Kompott oder Saft entfalten sie einen vollen, süß-säuerlichen Geschmack. Sie sind für mich der spezielle Ausdruck für den Erntesegen eines Jahres: Quitten überraschen und beschenken uns jedes Jahr aufs Neue, und sind dabei doch so speziell …

Gott hält gelegentlich einen Segen für uns bereit, den wir nicht sofort als solchen identifizieren. Für uns fühlt es sich vielleicht zunächst fremd, ungewohnt, „säuerlich" an und wir sträuben uns dagegen, diesen „Zustand" als Geschenk anzunehmen. Staunend könnten wir entdecken, wie uns Schwierigkeiten zwar nerven, aber auch weiterbringen; wie Hindernisse uns zwar bremsen, aber auch Kreativität freisetzen. Manche Krankheit hat einen Workaholic schon vorm Burnout gerettet, weil er dann endlich zur Ruhe kam. Mancher Streit brachte das ans Licht, was endlich einmal gesagt werden musste. Und manche Niederlage stellte sich am Ende als Sieg heraus.

Gott lasse dir und deinen Nachkommen die Segnungen zuteil werden, die er Abraham zugesagt hat. Du sollst dieses Land in Besitz nehmen, in dem du jetzt ein Fremder bist.

1. Mose 28,4